«Acaba de ganar un premio: un personal al que dirigir. De ahora en adelante, su éxito ya no dependerá tan solo de sus competencias técnicas y de su conocimiento especializado. Sólo prosperará si otras personas hacen bien su trabajo.»

Soft Skills

DIRIGIR
CON ÉXITO

24 lecciones breves
y de gran utilidad pra ser
un directivo de éxito

Morey Stettner

«La dirección de personas puede ser una experiencia que le haga sentir realmente bien consigo mismo —siempre y cuando entienda que no es una tarea organizada, metódica ni predecible. La flexibilidad y la madurez le serán muy útiles, así como unas buenas dosis de sano humor que alegren el día a todos.»

La edición original de esta obra ha sido publicada en lengua inglesa por The McGraw-Hill Companies, Inc., Nueva York con el título: *The New Manager's Handbook.24 Lessons for Mastering Your New Role*, 2003.

Todos los derechos reservados

© Profit Editorial I., S.L., 2025

Diseño de cubierta: XicArt
Maquetación: www.freiredisseny.com

ISBN: 978-84-10235-70-0
Depósito legal: B 32-2025
Primera edición: Enero de 2025

Impresión: Gráficas Rey
Impreso en España / *Printed in Spain*

Índice

«Al final toda actividad de
dirección y gestión se reduce
a tres palabras: personas,
productos y ganancias. Las
personas son lo primero.»

LEE IACOCCA

ICONOS USADOS EN ESTE LIBRO

 Listas. Con la información sintetizada y ordenada.

 Sugerencias, ideas ... Al final de cada capítulo se proponen tres.

 Este icono señala en el texto un ejercicio o práctica.

 Soluciones o estrategias casi mágicas.

 Herramientas para mejorar sus habilidades.

 Señala citas de autores importantes o diálogos y anécdotas.

 Destaca un determinado proceso que conviene tener en cuenta.

El nuevo manager

Nuestra más sincera felicitación por su incorporación a filas de los managers. Sus denodados esfuerzos han merecido la pena, y ahora tiene la responsabilidad de supervisar el trabajo de las otras personas para ayudar a que la organización alcance sus objetivos. Aunque sus conocimientos, su experiencia y su éxito en otros puestos de trabajo ha contribuido probablemente a su ascenso a manager, posiblemente ya sepa que esta nueva posición requiere una serie de competencias/habilidades diferentes –competencias que demandan una interacción efectiva con otras personas en el trabajo. Estas personas incluyen a los que usted supervisa, a sus colegas y a los managers a los que reporta.

Hay un viejo chiste que los empleados descontentos se cuentan unos a otros. «¿Sabes cuál es la definición de manager? «No, dime cual es». «Un manager es la persona que recibe las visitas y de ese modo todos los demás pueden trabajar». Tal vez el chiste sea gracioso para algunas personas, pero ahora que usted es un manager, su misión es reír *con* su equipo, y no que sean ellos los que se rían *de* usted.

El propósito de este libro es ayudarle a que esto ocurra y a hacer la transición de una forma efectiva. Le ofrecerá una guía rápida a la que podrá recurrir cuando tenga que determinar cómo debe ejecutar sus nuevas responsabilidades

La planificación y la comunicación se encuentran en el centro de la actividad de dirección y gestión. En el libro, encontrará numerosas lecciones que abordan los detalles de estas competencias/habilidades, entre ellas el ofrecimiento de feedback a sus subordinados para ayudarles a mejorar su rendimiento y mantenerlos motivados, cómo dar instrucciones efectivas para conseguir los resultados que usted persigue, cómo establecer alianzas, y cómo escuchar a los demás. Usted necesita aprender a dirigir reuniones que los empleados saben que les ayudarán a trabajar conjuntamente de forma fructífera; necesita aprender a pensar de forma estratégica y táctica; y también tiene que aprender cómo crear alianzas. Y, aunque pueda conocer la teoría de todas estas cosas, la cuestión es ponerlas en práctica. Y, ese es también un punto clave de este pequeño libro –suministrarle métodos prácticos para superar los retos inherentes a la gestión de sus subordinados y para lograr que la organización se sienta satisfecha de tenerle a usted haciendo este trabajo.

 Es una buena idea leer primero este libro de principio a fin. Subraye las ideas que le interesen. Escriba notas en los márgenes. Piense en cómo puede utilizar los métodos que le ayuden a sumergirse en nuevas responsabilidades. Después de su lectura íntegra, conserve el libro en su despacho para utilizarlo como referencia rápida. Básese en las ideas y acciones descritas aquí para perfeccionar sus competencias/ habilidades de dirigente. Muy pronto dejará de ser un nuevo manager para convertirse en uno que conoce perfectamente la naturaleza de sus responsabilidades y las oportunidades que tiene de que usted y su organización marquen realmente la diferencia. ¡Buena suerte!

01

—

Ofrezca feedback

«Los mejores managers no comentan sus problemas a los subordinados, pero saben cómo conseguir que los subordinados hablen de los suyos.»

Parte de su trabajo como nuevo manager es transmitir un feedback útil a los subordinados. Pero no se detiene ahí.

El proceso de feedback no termina cuando usted ha recitado de un tirón lo que piensa que debería hacer el subordinado para mejorar su rendimiento. Finaliza cuando el empleado ha comprendido lo que le ha dicho y lo aplica con éxito en su trabajo.

A la mayoría de managers les desagrada comunicar un feedback negativo. Temen que los empleados perciban como crítica personal unos comentarios bienintencionados. Además, como es frecuente que los managers novatos deseen agradar a los miembros de su equipo, es posible que huyan de señalar defectos relativos al trabajo o su preocupación sobre el esfuerzo o actitud de un individuo determinado.

¡Supere el obstáculo!

Los managers competentes deben ofrecer feedback a diario. Puede oscilar desde el elogio encendido hasta una señal de alarma seria, pasando por una observación neutral. Desde un punto de vista ideal, los inputs positivos deberían superar con diferencia a todos los demás. Los subordinados imploran los halagos de su supervisor –los recuerdan, los atesoran y los comparten con la familia y los amigos.

Busque oportunidades para señalar lo que los empleados están haciendo correctamente. No piense que tiene que racionar los elogios solo para los momentos infrecuentes de genialidad o para los resultados excepcionales. Comunicar a la gente que usted admira el modo en que trata a un cliente, organiza su área de trabajo o analiza un problema es en sí misma una forma de feedback que fortalece su relación con el equipo.

Cuando su objetivo es suministrar un feedback constructivo que ayude a los subordinados a mejorar, cree el marco idóneo para ello a través de una conversación en ambas direcciones. Comente los elevados estándares que fija para sí mismo y para los miembros de su equipo –y averigüe que piensan los subordinados de dichos estándares. Eso es mucho mejor que llegar y decir, «hay algo que usted está haciendo mal y que tiene que mejorar...».

Recuerde que casi todos los empleados están ansiosos de recibir inputs. Una de las mayores quejas que plantean los subordinados es, «no obtengo feedback suficiente de mi jefe». Elimine el misterio. Comparta libremente sus ideas, sugerencias y dudas. Conciencie a los individuos de su rendimiento y oriéntelos para que mejoren

Use este método en tres pasos para transmitir feedback:

→ **Invite a los subordinados a evaluar su propio rendimiento:** por ejemplo, dígales que puntúen un aspecto concreto de su trabajo sobre una escala del 1 al 10. Muchas personas se juzgan a sí mismas con más dureza de lo que usted lo haría. Aunque hinchen la puntuación, usted dispondrá de un punto de referencia sobre el que reaccionar con su input.

→ **Haga preguntas de seguimiento:** busque más información. Consiga que los subordinados le comuniquen detalles o ejemplos que justifiquen la puntuación que se han otorgado. Fíjese en los criterios que utilizan para evaluarse a sí mismos y como controlan su rendimiento.

→ **Alinee su análisis con sus comentarios:** ahora que ya ha concedido a los subordinados la oportunidad de meter baza, es su turno. Empiece dándoles las gracias por explicar cómo contemplan su propio rendimiento. Luego añada, «me gustaría apoyarme en lo que usted ha dicho». Arranque ofreciendo el feedback que echaban en falta. Luego, respalde el input positivo que le comunicaron antes (siempre que esté de acuerdo con el mismo) y añada algún nuevo elogio para terminar la sesión de un modo positivo.

—

02

Aproveche la parte positiva de las malas noticias

«Comunique a sus colaboradores todo lo que sea posible. Cuanto más sepan más se interesarán. En cuanto estén interesados nada les detendrá.»

SAM WALTON

La forma en que dé las malas noticias le hará ganar o perder credibilidad como manager. Si usted habla con franqueza a los subordinados estará demostrando que es un líder sensato que valora en gran medida una comunicación clara. En cambio, si usted se sale por la tangente, otros pueden seguir su ejemplo y evitar el abordaje de problemas que precisan atención.

Prepárese para dar malas noticias. Decida de antemano lo que quiere lograr hablando con sinceridad. ¿Quiere espolear a sus empleados para que actúen o simplemente desea concienciarlos? ¿Hay un aspecto positivo en la situación y, por tanto, debería destacarlo? ¿Quiere explicar la evolución del problema o limitar sus comentarios al «aquí y ahora»?

Mantenga la perspectiva. Los nuevos managers hinchan a veces las malas noticias de forma desproporcionada al imaginárselas de la peor manera posible hasta el punto en que adquieren vida propia y no se pueden controlar. Tenga en cuenta que los reveses son efectos colaterales que forman parte de su trabajo; tómeselos con calma y transmita malas noticias a los demás para que vean la situación como es en realidad y no como el fin del mundo.

Vigile su tono de voz y su gesticulación. Comuníquese mediante términos sencillos y breves. Transmita los hechos sin manifestar su opinión. Por ejemplo, evite frases como, «lamento tener que decirle esto», o «esta es la parte de mi trabajo que más me horroriza», y vaya directo al grano.

No suspire, no se encoja de hombros, ni sacuda la cabeza como manifestación de descontento. Imagine que es Walter Crontike presentando las noticias con un trasfondo de fuerza y perseverancia en la voz. Si arranca encogido o excesivamente crispado, sus subordinados se fijarán más en este porte afligido que en las propias noticias que les comunique.

Termine en un tono optimista. Fije un objetivo de mejora para el futuro o presente una estrategia que aborde la fuente del problema. Si se permite que supuren, las malas noticias pueden llegar a dañar la moral del grupo. Incentive la esperanza u ofrezca soluciones que estimulen la actitud positiva de los empleados.

 Veamos a continuación tres técnicas para lograr que las malas noticias sean más digeribles:

→ **Exhiba la «fuerza del ego»:** demuestre que su ego no se ve amenazado por la presencia de malas noticias. Utilice un lenguaje no defensivo como, «Asumo la responsabilidad de haber contribuido a que hayamos llegado a esta situación y asumo la responsabilidad de salir de la misma». Como nuevo manager, puede decir, «estoy aprendiendo cada día, así que quiero que sepan lo que he aprendido».

→ **Establezca el contexto:** vincule unas malas noticias concretas a objetivos organizacionales más amplios. Diga, «esto hace que nuestro reto sea mayor, pero seremos capaces superarlo».

→ **Vaya al grano:** no se desvíe del asunto y no desperdicie las palabras. Exponga las noticias más importantes de entrada. Luego añada datos, evidencias u otra información de apoyo

03
—

Delegue

Aunque suene raro, los grandes
líderes ganan autoridad cuando
se desprenden de ella.»

James B. Stockdale

Los managers efectivos deben tener fe –en su gente. El éxito depende de la disposición a confiar en empleados que tomen la iniciática, resuelvan problemas y generen resultados.

Seguramente ya conoce el consejo de que hay que delegar siempre que sea posible. Pero no es así de sencillo. Si no se hace correctamente, la delegación puede salirle por la culata.

Andrew Carnegie dijo una vez, «el secreto del éxito no consiste en que usted haga todo el trabajo sino en encontrar a la persona adecuada que lo haga». Por tanto, la delegación implica previsión. Empareje al empleado apropiado con una tarea estimulante.

Tenga en cuenta los intereses, puntos fuertes, conocimientos y experiencia individuales –y transfiera trabajos a los empleados con las calificaciones más altas en al menos dos de estas cuatro categorías. Si usted necesita a alguien que investigue y responda a las quejas de los clientes, por ejemplo, delegue el proyecto en un subordinado que disfrute atendiendo a los clientes, que posea una excelente habilidad para las relaciones interpersonales, y que sepa cómo investigar los problemas y buscar las respuestas.

Cuando delegue, mejorará su eficiencia. Se podrá focalizar en asuntos de alta prioridad y no se verá empantanado en tareas que agoten su tiempo y sus energías. Al mismo tiempo, podrá perfeccionar profesionalmente a sus subordinados y convertirlos en unos colaboradores más valiosos.

No confunda delegación con la asignación de tareas de rutina que forman parte de las obligaciones normales del puesto de trabajo. La verdadera delegación implica conceder a alguien la responsabilidad y la autoridad para hacer algo que normalmente es parte de su (de usted) trabajo.

La delegación no es «dumping». Los subordinados se sentirán molestos si observan que usted les está endosando los cometidos menos atractivos.

Establezca controles para seguir los progresos de sus subordinados.

Discuta sobre el modo en que ambos pueden evaluar los avances realizados y medir el éxito de un proyecto determinado.

Defina expectativas y objetivos claros para la tarea en cuestión. Sin embargo, no explique el modo de llevarla a cabo. Deje que sean los demás quienes descubran por sí mismos cómo cumplirla.

Los nuevos managers suelen dar por sentado que una vez han delegado ya no son responsables de los resultados que se consigan. No obstante, la transferencia de autoridad y responsabilidad a los empleados tiene un límite. La responsabilidad última está en sus manos —tanto si es consciente de ello como si no.

A menudo, los managers novatos caen sin darse cuenta en la trampa de retomar la tarea. Pueden empezar diciendo, «veamos, permítame que le muestre», y acaban llevando a cabo la totalidad del proyecto. Evite esta conducta y deje que sean los subordinados quienes resuelvan los problemas por sí mismos.

Siga esos consejos para delegar correctamente:

→ **Dé un paso atrás:** seleccione aquellas tareas que los subordinados puedan dominar y poner en práctica por sí mismos. Asegúrese de que el individuo pueda hacer uso de su criterio y autonomía. Si usted controla cada detalle, la delegación hace más daño que bien.

→ **Clarifique el cometido:** confirme que los subordinados han entendido cuál es el propósito, el objetivo y las medidas del rendimiento que usted utilizará para calificar el éxito. Elimine las ambigüedades y fije una fecha tope bien clara.

→ **Haga el test «no estoy aquí»:** identifique los aspectos clave su puesto de trabajo —y decida quién podría asumir estas responsabilidades en su ausencia. Al anticipar lo que desea que los empleados hagan cuando usted no esté allí, puede delegar ahora en ellos parte de sus obligaciones gerenciales y así ya estarán preparados para intervenir más adelante.

 Tal como hemos visto en este capítulo, delegar significa dar los pasos adecuados. Y le conviene incorporar esos pasos de forma automática a su manera de entender el liderazgo. Escriba ahora inicios de frase que le puedan servir como anclajes en el momento de hablar a sus subordinados. Vuelva sobre sus entradas dentro de unos días para reforzar la memoria y los automatismos.

DAR UN PASO ATRÁS

CLARIFICAR EL CONTENIDO

HACER EL TEST «NO ESTOY AQUÍ»

04

—

Sepa lo que piensan los empleados que se marchan

«La mayoría de personas de
éxito que he conocido
escuchan más y hablan
menos.»

BERNARD BARUCH

Cuando un empleado se va, usted dispone una oportunidad de oro para aprender cómo puede mejorar su trabajo. ¿Cómo? Programe una entrevista de salida poco antes de la marcha del trabajador del departamento o de la empresa.

La gente que está a punto de irse suele hablar libremente sobre como ellos –y sus colegas– consideran que han sido dirigidos. Todo lo que usted tiene que hacer es formular preguntas inteligentes y escuchar.

Invite a los subordinados que se marchan a que den sus opiniones sobre lo que usted y su organización hacen bien y hacen mal. Tome notas. Demuestre interés en sus observaciones y haga seguimiento de las mismas.

La mayoría de empleados, incluso los más resentidos, se comportarán de forma educada mientras comparten unas informaciones y análisis que le ayudarán a ser un manager más fuerte y sabio. En cuanto se den cuenta de que usted está impaciente por saber lo que piensan, lo más probable es que se muestren abiertos.

No dé por sentado que los empleados que se marchen utilicen la entrevista de salida para saldar cuentas pendientes con los colegas, dar rienda suelta a su ira reprimida contra las políticas de la compañía, sermonearle por campañas de cambio equivocadas o por errores de dirección. La formulación de preguntas neutrales es útil. «Puede describirme el nivel del trabajo en equipo, según su experiencia?» es más apropiada que «¿está usted descontento de cómo trabajamos en equipo?»

Asegure a los empleados que la conversación es confidencial. Explique que valora su input y que desea que le planteen preocupaciones sinceras y reales.

Las entrevistas de salida pueden ayudarle a identificar los motivos de una elevada rotación de personal o una baja moral entre los empleados, dejar al descubierto unas deficientes condiciones de trabajo, y obtener nuevas ideas que mejoren su modelo de gestión. Los empleados veteranos pueden reflexionar sobre los años que han pasado en la empresa y señalar los pros y los contras de las diversas políticas, procedimientos o personal. Puede que sepan que es lo que funciona y lo que no –y quiénes son los héroes anónimos de su unidad. Una entrevista de salida es uno de los pocos medios que los nuevos managers tienen par a reunir esta valiosa información.

Mejor aún, su interés auténtico en los puntos de vista del empleado que se marcha puede dejar una impresión positiva duradera. El individuo puede salir de la entrevista con una mejor opinión de usted y esto puede favorecerle más adelante. Cultivar aliados de fuera de la organización le ayuda a establecer una valiosa red de contactos.

Para exprimir el máximo conocimiento de los empleados que se marchan:

→ **Siente las bases:** comunique a los empleados por anticipado lo que les va a preguntar. Haga hincapié en que va a tratar sus opiniones de forma seria y que espera que piensen a fondo en las cuestiones antes de la entrevista.

→ **Separe los tangibles de los intangibles:** Haga dos grupos de preguntas. En primer lugar, céntrese en la investigación de datos y hechos (ejemplo: «¿Disponía de las herramientas y recursos necesarios para llevar a cabo su trabajo?»). Luego, pase a áreas menos concretas y más difíciles de medir, como la moral o la camaradería (ejemplo: «¿Cómo valoraría la ética de trabajo de su equipo?»).

→ **Pida nombres:** candidatos a empleados, proveedores y consultores. Sondee para descubrir los nombres de los individuos que los empleados salientes más respetan, tanto dentro como fuera de la organización. Comente sus necesidades en cuanto a nuevo personal, e invite al empleado a permanecer en contacto con usted para que le recomiendo los mejores candidatos en las semanas y los meses venideros.

 Cada empleado presenta sus características propias. Tanto por el lugar de trabajo que ha ocupado como por su propia manera de ser. Plantear las preguntas correctas le puede ayudar a recibir un mejor input. Escriba ahora desde su perspectiva una lista de esas preguntas.

→ Preguntas básicas generales

→ Preguntas sobre hechos tangibles

→ Preguntas sobre intangibles

05

—

**Evalúe periódicamente
el rendimiento
de su personal**

Solo cuando desarrollamos
profesionalmente a otros nos
mantenemos en el éxito.»

_{Harvey} _{Firestone}

HARVEY FIRESTONE

La mayoría de empleados están ansiosos de información acerca de cómo están realizando su trabajo. Quieren tener un jefe que supervise su rendimiento de forma periódica y les ofrezca una evaluación a fondo y bien meditada que sea de carácter constructivo y esté bien argumentada.

A muchos nuevos managers les asustan las evaluaciones de rendimiento, en especial las reuniones con subordinados cuyo rendimiento es deficiente e irregular. Lo que es peor, en muchas organizaciones el proceso de revisión es una tarea administrativa incómoda que exige un montón de papeleo.

Las evaluaciones formales del rendimiento son más fáciles si durante todo el año usted pone al día a los empleados acerca de la calidad de su trabajo de un modo informal. Si ellos saben en un día cualquiera lo que están haciendo bien y lo que deben mejorar, se producirán pocas sorpresas en las evaluaciones programadas de forma regular.

Sopese los puntos fuertes y los puntos débiles cuando revise el rendimiento de alguna persona. No exagere en una u otra dirección. Si hace hincapié en los defectos de sus subordinados, podría estar pasando por alto lo que hacen bien y desanimarles. No obstante, un entusiasmo permanente por su parte puede dar lugar a que los empleados lleguen a la conclusión de que no pueden hacer nada mal según el punto de vista de usted. Propóngase un ratio de 3 a 1 cuando señale lo que está bien respecto a lo que está mal en la evaluación individual del rendimiento.

Cíñase a los hechos. Describa el rendimiento de la actividad basándose en lo que haya observado directamente o en evidencias sólidas que haya reunido. Dé fechas y situaciones que corroboren sus observaciones. Evite poner calificativos como «descuidado» o «poco riguroso». En vez de ello, cite motivos concretos por los que usted percibe a alguien de este modo. Una de las lecciones más difíciles de aprender por parte de los nuevos managers cuando revisan el rendimiento de los subordinados es permitirles que sean ellos mismos los que juzguen lo que están haciendo —después de citar ejemplos concretos de sus acciones.

Procure ser preciso. Los managers inmaduros tienden a restar importancia a los problemas de rendimiento de los empleados y les otorgan calificaciones de «excelente» o «por encima del promedio» en todos los apartados de la evaluación sin reflexionar demasiado. Esta es una actitud peligrosa. Cuando el rendimiento de un empleado desciende hasta el punto de que puede llegar a considerarse el despido, usted puede carecer de la documentación necesaria que demuestre que el rendimiento de dicha persona ya era precario de acuerdo con los resultados de la última evaluación.

Veamos a continuación como se puede sacar provecho de las evaluaciones de rendimiento:

→ **Cíñase a un programa:** los subordinados cuentan los días que faltan hasta la próxima evaluación, así que haga honor a los compromisos adquiridos. Si ha prometido evaluaciones trimestrales, semestrales o anuales, cumpla su promesa. Si las aplaza u obliga a los empleados a que le den la lata al respecto porque se olvidó de ellas, los estará desanimando.

→ **Utilice la fórmula «describir el impacto, especificar las consecuencias»:** cuando evalúe el rendimiento de alguien, describa el comportamiento concreto, comente su impacto, especifique lo que desea que ocurra y explique las consecuencias –tanto las buenas como las malas– basándose en la reacción del empleado.

→ **Aconseje, no amenace:** Asegúrese de que su objetivo cuando revisa el rendimiento de alguien es impartir unos conocimientos que le permitan mejorar. En lugar de insistir al recepcionista que debe cesar en su comportamiento brusco, céntrese en lo mucho que tiene que ganar si adopta un estilo más cordial.

06

—

Decida y cumpla

La realidad es que nunca dispondrá de toda la información necesaria para tomar una decisión —en caso contrario se trataría de una conclusión inevitable, no de una decisión.»

DAVID MAHONEY

Ahora que usted es un manager tendrá que tomar más decisiones que nunca. Y probablemente deseará tener más tiempo, más información, y más consejos antes de tomar decisiones difíciles.

Si elabora un sistema que le permita tomar decisiones de forma tranquila y racional, ganará seguridad cuando tenga que obrar bajo presión. Podrá decidir con rapidez y obtener grandes resultados sin tener que dar marcha atrás, perder el tiempo o provocar que otras personas cuestionen sus decisiones.

Las decisiones giran alrededor de **tres pasos**: reunión de los datos y los hechos, identificación de las opciones y selección de la mejor. Los datos y hechos relevantes pueden proceder de una variedad de fuentes, desde los empleados hasta los clientes, pasando por informes de actividad y otros datos de orden cuantitativo.

El listado completo de los posibles caminos a tomar requiere una mente abierta. Opciones que pueden parecer disparatadas o temerarias a primera vista pueden demostrar más adelante que merecen ser consideradas, tal vez en combinación con otras alternativas. Cuando se trata de decidir entre todas las opciones posibles, es necesario aplicar criterios objetivos para identificar el curso de acción más sensato y efectivo.

Los retrasos pueden causar estragos en la toma de decisiones. Las esperas provocan estrés. Prolongan la incertidumbre y pueden dar lugar a que los demás duden de su carácter y fuerza como directivo. Reunir los hechos y sopesar las opiniones no tiene por qué ser un proceso largo y tortuoso.

Si se enfrenta a una serie de alternativas, todas ellas poco atractivas, pregúntese, «¿qué es lo peor que puede ocurrir?» Evalúe la probabilidad de las diferentes consecuencias y aísle las variables que puede controlar. De ese modo, podrá sopesar las probabilidades de las peores consecuencias frente a otras más aceptables.

La indecisión prosperará si usted se muestra reacio a aceptar la responsabilidad de sus actos. Tal vez no desee provocar a otras personas tomando una decisión polémica o adoptando una postura que resulte equivocada. O tal vez se sienta agobiado por la complejidad o la magnitud de la decisión y busque excusas para aplazarla.

Combata la indecisión fijando una fecha tope. Oblíguese a tomar la mejor decisión posible con los hechos disponibles dentro de un plazo de tiempo establecido.

Cuando comunique decisiones que pueden disgustar a los demás, emplee frases diplomáticas del tipo, «comprendo su postura, pero tengo que considerar lo que es mejor para la organización» o «hay buenas razones en todas las posiciones y, por tanto, es especialmente difícil en este caso agradar a todos».

Para avanzar con seguridad y confianza hacia una decisión:

→ **Aborde la ambivalencia de frente:** reconozca la incertidumbre; no la deje a un lado. Examine la razón de su ambivalencia. Por ejemplo, su instinto puede contradecirse con los datos y hechos que le llevan a otra conclusión. Anote sus dudas y contémplelas desde una perspectiva imparcial y desapasionada.

→ **Confeccione un plan de contingencia:** diseñe un plan B, en caso de que su decisión salga mal. Prepárese para mitigar las pérdidas.

→ **Utilice los escenarios de mejor y peor caso como situaciones extremas:** considere todo el espectro de consecuencias, de la mejor a la peor. Luego dé los pasos necesarios para minimizar el peor caso.

07

—

Emplee la motivación a través del elogio

«No hay vitamina verbal más
poderosa que el elogio»

FREDERICK B. HARRI

La motivación de los empleados no tiene ningún misterio. Solo tiene que ver con la expresión de una sincera admiración hacia ellos. Cuando saben que usted respeta su esfuerzo, capacidad y el producto de su trabajo, serán más proclives a disfrutar de su trabajo y a tomar en cuenta sus directrices.

Los elogios auténticos son el mayor vigorizante. Piense en lo mucho que le motivaba en el pasado que sus jefes aplaudieran su rendimiento. Las alabanzas son un medio infalible para generar confianza y seguridad en el individuo y para empujarle a un nivel de excelencia aún más alto.

Lo irónico es que aunque la mayoría de managers saben que los elogios son un motivador extraordinario, la puesta en práctica de este conocimiento suele plantear un desafío. Las presiones del día a día, las crisis y los contratiempos dificultan el sentimiento positivo hacia los subordinados. Es fácil pasar por alto lo que están haciendo bien cuando lo que marcha mal exige una gran parte del tiempo y de la atención del manager.

Las alabanzas pueden tomar diversas formas. Se pueden enviar señales no verbales, como una palmada en la espalda, un asentimiento con la cabeza, o el dedo pulgar hacia arriba. O se pueden dejar caer comentarios breves que alegran el día del empleado como, «excelente trabajo» o «esta vez se ha superado a sí mismo»

Hay otras formas más sutiles de verter elogios. Por ejemplo, puede pedir a sus empleados que expresen sus opiniones. Prologue su pregunta diciendo, «me gustaría saber lo que piensa» o «probablemente usted podrá arrojar alguna luz sobre esto». No insinúe lo que quiere que digan. Simplemente escuche y les hará sentir importantes.

Otro factor motivante muy simple es el empleo del nombre de pila de los subordinados cuando hable con ellos. Un nuevo manager arrancará con buen pie si se aprende con rapidez el nombre de pila de todos y lo introduce en las conversaciones. La gente reacciona con más entusiasmo cuando sus jefes les hablan en un tono amistoso y personal.

Los managers novatos dan por sentado en ocasiones que deberían racionar sus elogios. De lo contrario, se imaginan que los subordinados esperarán recibirlos permanentemente. Sin embargo, los elogios nunca serán desmedidos siempre y cuando estén basados en logros reales. Siempre que una persona se gane su admiración, ¡dígaselo!

Los elogios son más útiles cuando se refieren a cosas concretas. Expresar gratitud nunca hace daño, pero si explica por qué está dando las gracias a un trabajador, está potenciando la efectividad. Adquiera la costumbre de decir «gracias por... « en lugar de dejar escapar un seco «gracias» y marcharse.

Mejor aún, descubra nuevos medios de comunicar sus elogios. Escriba una nota, envíe un email, haga un pequeño regalo, o conceda medio día de fiesta por un trabajo excepcionalmente bien hecho. Cuanto más creativamente transmita su agradecimiento más se esforzarán sus empleados para ser capaces de recibirlo.

Domine la motivación a través del elogio, adoptando los siguientes hábitos de trabajo:

→ **Atrape a los empleados en su mejor momento:** busque ejemplos de trabajos extraordinarios. Fije unos estándares elevados y no pierda nunca la oportunidad de felicitar a alguien por el hecho de haberlos superado.

→ **Reconozca también esfuerzo, no solo los resultados:** algunos empleados lo intentarán –y fracasarán. Es el momento ideal para decir «admiro el enorme esfuerzo que ha realizado». No se encoja de hombros y diga tan solo, «bueno, al menos lo ha intentado» o «quizás la próxima vez». Reconozca el esfuerzo como digno de elogio por sí mismo.

→ **Dígalo solo una vez –pero con sentimiento:** los elogios pierden su brillo si usted se repite demasiado a menudo. Descubra nuevos rasgos, habilidades o acciones merecedoras de felicitación. Una vez comunicado, no siga repitiendo el elogio en espera de que el rostro del empleado se ilumine. Algunos individuos no reaccionan a las alabanzas con un regocijo visible, pero esto no significa que sean indiferentes a las mismas.

Cada líder tiene su propio estilo y, por lo tanto, también en el caso de los elogios va a encontrarse cómodo con unas maneras de hacer que con otras. Piense ahora en todas las propuestas hechas en este capítulo y valore aquellas que más se acercan a su manera de ser.

_____

_____

_____

_____

_____

_____

_____

_____

_____

_____

08

Planifique las reuniones

«En Intel, el orden del día...
incluye información sobre los
temas clave de la reunión,
quién dirigirá las diversas partes
del debate, durante cuánto
tiempo se discutirá cada punto,
y que resultados se esperan.»

MICHELLE NEELY MARTINEZ

Casi siempre, las mejores reuniones son de corta duración.

Una de las razones de que las reuniones tengan tan mala prensa es que suelen alargarse demasiado, lo cual suele suceder cuando unos cuantos asistentes monopolizan las intervenciones o cuando el grupo se aleja constantemente de los asuntos de alta prioridad.

Los nuevos managers que no están acostumbrados a dirigir reuniones pueden dar demasiada cancha a los participantes o, por el contrario, compensar en exceso su falta de experiencia desempeñando el papel de tiranos y abortando cualquier esbozo de debate sano. Si se prepara bien y mantiene a todo el mundo focalizado en los aspectos importantes, ahorrará tiempo a la vez que generará consenso y aceptación entre los asistentes.

Antes de la reunión, limite el campo de juego. Diseñe un orden del día que defina un problema concreto y que explore diversos medios que el grupo pueda utilizar para resolverlo. No sobrecargue la reunión con muchos temas excesivamente dispares.

Distribuya la convocatoria por anticipado, junto a los datos que usted quiere que todos tengan asimilados antes de la reunión. De ese modo, no desperdiciará tiempo durante la reunión comunicando información. Asegúrese de que la discusión se centra en las soluciones y no en la definición del problema.

Organice la sala de la reunión de acuerdo con el espíritu de la reunión. Si quiere fomentar una discusión libre entre los participantes sitúe las sillas en forma de U o círculo. Si pretende llegar a decisiones rápidas en un corto espacio de tiempo, elimine los asientos y que todo el mundo esté de pie. Rellene los rotafolios por anticipado y así no aburrirá a los asistentes mientras se pasa un buen rato escribiendo.

Para focalizar la atención del grupo en el objetivo esencial de la reunión, anótelo por escrito y fije la nota en una pared lateral de la sala. Señálelo siempre que la discusión amenace con salirse de cauce como recordatorio silencioso de que todos deben mantener el rumbo.

Dirija su mirada a todos los participantes cuando hable. No establezca contacto visual solo con una o dos personas o se arriesgará a excluir a los demás. Fíjese cuando alguien está tratando de meter baza. Identifique a los individuos silenciosos y tímidos y ofrézcales una generosa oportunidad para que intervengan. Reciba con satisfacción las preguntas, pero no vacile en decir «responderemos esto más adelante», en caso necesario.

Para que las reuniones sean más efectivas:

→ **Salude a los asistentes en la puerta:** estreche las manos de los asistentes a medida que vayan llegando. Eso es mejor que llegar pronto, plantarse en su silla y jugar con los papeles mientras los demás van entrando.

→ **Abra la reunión con una visión de conjunto:** utilice el primer minuto de la reunión para manifestar el propósito de la misma. Exponga también lo que los participantes obtendrán al final. Destaque los puntos clave del orden del día y las actividades de grupo que se hayan planificado.

→ **Asigne los cometidos por escrito:** finalice la reunión diciendo quien hará qué cosa y en qué fecha. Se producirán malentendidos si usted se salta este paso o da por sentado que la gente ya sabe lo que tiene que hacer después de la reunión. Anote por escrito los cometidos y envíe un memorándum de seguimiento donde se resuman las tareas de cada uno.

09

Escuche más

«A menudo se oye el comentario, 'él habla demasiado', ¿pero cuando fue la última vez que oyó esta otra crítica: 'él escucha demasiado'?»

NORMAN AUGUSTINE

Cuando usted es un subordinado, acaba escuchando gran parte del tiempo mientras que los jefes son los que hablan. Pero ahora que es un manager, puede creer que le ha llegado el turno de ser el centro de atención y de que sean los demás quienes le escuchen.

No tan deprisa

Escuchar es aún más importante cuando usted es un manager. Su éxito dependerá de su capacidad para captar todos los detalles y matices de lo que los demás dicen, desde subordinados a jefes, pasando por colegas. La desconexión puede costarle cara: podría carecer de información esencial, tomar decisiones equivocadas y sacar conclusiones erróneas.

Usted debe interesarse en lo que los demás dicen y escucharles. Las personas indiferentes o ensimismadas se esfuerzan para prestar atención, pero las personas interesadas y abiertas escuchan porque les entusiasma oír los comentarios, intereses e ideas de la persona que habla.

Escuchar sería fácil si todo el mundo nos entretuviera mientras hablara, pero muchas personas hablan monótonamente, se repiten o mascullan las palabras en un tono de voz escasamente audible. Nuestras mentes vagan rápidamente a la deriva y muy pronto simulamos que estamos escuchando cuando en realidad estamos soñando despiertos.

Los managers no pueden permitirse el lujo de caer en esta trampa. Para absorber lo que los demás dicen, anote los temas o asuntos seleccionados por la persona que habla. Cuando esté al teléfono, escriba títulos de una sola palabra que representen cada uno de los principales puntos que está tratando la persona que le llama. Esto le ayudará a recordar.

Si tiene tendencia a dejar volar la imaginación, concéntrese en el aquí y ahora. No dé vueltas al pasado ni se preocupe por el futuro. Expulse de su mente los pensamientos intrascendentes para tener la cabeza clara y dedicar todas sus energías a la persona que habla.

Indique por señales a los demás que su intención es escuchar. Si tiene problemas para oír lo que dice su interlocutor, póngase más cerca o apague una radio cercana. Si no ha entendido bien lo que acaba de oír, dígalo. No vaya asintiendo mecánicamente con la cabeza o se irá quedando cada vez más rezagado en la conversación.

Domine a los habladores irreprimibles interviniendo en la conversación con frases como, «así usted quiere que yo...» o «tan solo para estar seguro de que he entendido...». Si el aspecto, acento o tono de voz de alguien le molesta, imagine que está leyendo una transcripción de los comentarios de la persona. Esto le ayudará a entender el mensaje en sus propios términos.

 Mejore su capacidad de escucha por medio de las siguientes técnicas:

→ **Distinga entre un tema importante y un tema urgente:** los interlocutores que están tratando un tema que consideran urgente reclaman la máxima atención. Reconozca la seriedad de su argumentación escuchando con atención. Si buscan información, aclare qué es lo que necesitan y transmítasela.

→ **Escuche para entender, no para aceptar lo que le digan:** deje espacio a las diferencias de opinión o puntos de vista. No se cierre mentalmente porque alguien esté en desacuerdo con usted.

→ **Piense en términos de aprendizaje:** esfuércese por aprender por lo menos una cosa nueva de cada orador. Con ello, incentivará su curiosidad.

10

—

Piense estratégicamente

«Pensar estratégicamente es
pensar con disciplina y tomar
decisiones informadas sobre la
dirección que hay que tomar.»

JOHN WOODS

Alo largo de la última década se ha ido introduciendo la expresión «trabajador del conocimiento» en el ámbito laboral. Probablemente esto le convierte a usted en un «manager del conocimiento».

Se espera de los empleados de todos los niveles que piensen –que propongan ideas y que racionalicen la producción o el servicio de atención al cliente para que la organización funcione mejor. Como manager, su rol es diseñar planes estratégicos y comunicarlos de forma dinámica a su equipo. Dichos planes ofrecen objetivos y guías para que usted y sus subordinados puedan hacer su trabajo de forma efectiva para la organización.

El pensamiento estratégico es una competencia/habilidad que se aprende. La inteligencia estratégica se desarrolla haciendo preguntas perspicaces, buscando respuestas, y examinando supuestos o «verdades» del pasado que limitan su perspectiva.

Es probable que nunca haya pensado demasiado en su capacidad para pensar de forma estratégica. No es una competencia/habilidad fácil de evaluar, como puede serlo la redacción de memorándums. Pero, ahora que es usted un manager, debe demostrar su capacidad de pensar de forma original e innovadora y atacar los retos que tiene antes sí con vigor intelectual.

Sus jefes le juzgarán en parte por su competencia para analizar problemas de negocio y ofrecer soluciones creativas. Ellos no progresaron en su carrera profesional aceptando a ciegas el punto de vista convencional. Cuando comparta sus conocimientos y aprenda de la experiencia, impresionará a los altos ejecutivos de la empresa que le considerarán un as de la estrategia.

Usted tiene que explotar todos los recursos de su inteligencia –y toda la potencia intelectual de su equipo– para maximizar su aportación a la organización. Adquiera el hábito de hacer preguntas perspicaces a su personal y deles tiempo para que investiguen las respuestas. Cuánto más pregunte más aprenderá usted y más aprenderán ellos.

 El **análisis DAFO** (debilidades, amenazas, fortalezas y oportunidades) le ayudará a pensar de forma estratégica. La identificación de los pros y los contras, junto a las oportunidades y peligros que puedan surgir, le permiten evaluar el modo de proceder. Implique a su equipo en este ejercicio. Reciba de buen grado su input y los resultados de sus ejercicios de brainstorming. Esto ofrece a todos la oportunidad de hacer más inteligentes a los demás.

 Gradúese a un nivel superior en la disciplina de pensamiento estratégico empleando las siguientes herramientas:

→ **Excave por lo menos tres capas desde la superficie:** investigue el problema más a fondo. Siga preguntándose «¿por qué?» Sabrá que ha examinado un tema en profundidad cuando haya excavado como mínimo tres niveles y queden al descubierto los mecanismos internos del asunto –las causas esenciales que merecen atención.

→ **Clasifique:** Separe los hechos y análisis importantes de los detalles irrelevantes que se puedan ignorar o archivar. Focalícese solamente en los aspectos informativos más apremiantes y reveladores para evitar verse aplastado por montañas de datos.

→ **Pondere todas posibilidades –y todas las consecuencias:** prevea las repercusiones de una decisión estratégica. Sepa que es lo que está en juego y prediga la gama de posibles consecuencias con el objetivo de eliminar sorpresas desagradables más adelante.

 El análisis DAFO es ya un procedimiento clásico y eso nos puede llevar a subestimarlo. Utilícelo ahora para reflexionar sobre sus propias capacidades de liderazgo.

1.

DEBILIDADES

_____
_____
_____
_____
_____
_____
_____
_____

2.

AMENAZAS

_____
_____
_____
_____
_____
_____
_____
_____

3.

FORTALEZAS

_____

_____

_____

_____

_____

_____

_____

_____

4.

OPORTUNIDADES

_____

_____

_____

_____

_____

_____

_____

_____

11

Establezca alianzas

«Llevarse bien con los demás es la esencia del progreso. El éxito está ligado a la cooperación entre las personas.»

WILLIAM FEATHER

Es imposible que un manager tenga éxito trabajando en el vacío. Se necesitan aliados –cuantos más mejor.

Sin embargo, hay una diferencia entre cultivar amigos en el interior de organización y gustar a los subordinados. Usted no debería entablar amistad con la gente que le reporta. Trátelos con amabilidad, pero no intente tener una relación de camaradería y confianza con ellos

Busque aliados entre sus colegas y jefes, individuos a los que admire. Trabe relación con ellos e intercambie favores. Comparta información. Celebre las victorias conjuntas y lamente las derrotas.

Llegar a gustar a la gente exige tacto y sensibilidad. Por ejemplo, aunque la impulsividad tiene su momento y lugar, precipitarse a decir cualquier cosa que le ronde por la cabeza garantiza con casi total seguridad que ahuyentará a posibles aliados.

Haga una pausa antes de decir algo polémico a un colega, aunque lo sea solo remotamente. Póngase en lugar de estas personas e imagine cuál será su reacción. Cuando manifieste una opinión, reconozca el punto de vista de los demás, antes de dar el suyo. Cítelos favorablemente, elogie sus actos y cuando aprenda de ellos, dígaselo. Siempre y cuando sea sincero, atraerá aliados con facilidad.

Escuche las solicitudes indirectas de ayuda. Si un colega menciona que «está intentando ponerse al día con el nuevo software», ofrézcase a darle una lección rápida. Si un ejecutivo le pregunta cómo podría saber más cosas acerca de una reciente remesa de piezas, ofrézcase a reunir toda la información necesaria y deposítela en su correo entrante la mañana siguiente.

No deje pasar las oportunidades de resolver los problemas de los demás. Cuando alguien exprese frustración, preocupación o incertidumbre sobre algún asunto profesional, escuche con atención. Si la persona tiene un gran ego, tal vez tendrá que enmarcar como preguntas las soluciones, no como afirmaciones. Preguntar, «¿ha probado...?» es más eficaz que afirmar, «creo que debería probar...».

Cuando admire el modo de actuar de una persona, haga correr la voz. Cuando un colega gane un premio o un alto directivo tome una decisión que usted considere valiente y realizada con visión de futuro, dígaselo a todo el mundo: colegas, subordinados, clientes y proveedores. Como mensajero de buenas noticias ganará aliados cuando los sujetos de su admiración sepan lo mucho que le han impresionado.

Felicite a las personas por sus logros. Si un colega obtiene un nombramiento profesional o le dice que su hijo ha ganado una beca universitaria, ofrézcase para organizar una fiesta en el despacho. La atención desinteresada hacia los demás no sólo les alegrará el día, sino que también facilitará su carrera profesional cuando los aliados de diversas procedencias apoyen su progreso

Siga estos pasos para ganar aliados:

→ **Converse, no compita:** trate de aprender de los demás, no vencerlos discutiendo. No intente superar sus historias ni hacer alarde de sus conocimientos. Huya de las polémicas por temas nimios; si está en desacuerdo, muéstrelo de forma diplomática a la vez que otorga reconocimiento a los puntos de vista contarios.

→ **Reconozca lo que es correcto en cuanto lo oiga:** si le gusta lo que ha escuchado, dígalo. Como mínimo, asienta con la cabeza o sonría. Un rostro impávido no le granjeará las simpatías de sus interlocutores, quiénes probablemente se preguntarán si realmente les está escuchando.

→ **Satisfaga los anhelos «¿que gano yo con esto [QGYCE]?»:** tenga en cuenta los intereses de los demás cuando se esté dirigiendo a ellos. Decida la respuesta a QGYCE desde el punto de vista de los demás −y actúe como ellos esperan.

12
—

Obtenga feedback

«El éxito tiene que ver
exclusivamente con feedback,
feedback y feedback. No se
pueden hacer funcionar
sistemas mecánicos sin
feedback, y tampoco se
pueden dirigir organizaciones
sin feedback.»

Casi todos los nuevos managers experimentan **ataques de inseguridad**. Inevitablemente se preguntan, «¿Cómo lo estoy haciendo? ¿Qué piensa el jefe de mí? ¿Estoy en el buen camino para un ascenso –o ya he llegado a mi tope?»

Pocos managers reciben las respuestas que andan buscando.

A pesar de la popularidad de la denominada evaluación de 360 grados –en la que se recibe el input de subordinados, colegas y jefes– muchos managers siguen preguntándose cómo son percibidos. Los programas formales de feedback pueden ayudarle a calibrar sus competencias/habilidades, pero rara vez arrojan luz sobre los rasgos de su personalidad o las sutiles habilidades para las relaciones humanas que tanto influyen en el modo en que los demás reaccionan hacia usted.

Parte de las dificultades para ascender en la cadena de mando empresarial tienen que ver con la falta de feedback, especialmente desde arriba. Su jefe puede dejar caer pistas (o críticas) de vez en cuando, pero lo más probable es que usted no reciba un input continuado sobre determinados aspectos de su comportamiento o rendimiento laboral.

En ausencia de feedback, la incertidumbre sobre su capacidad puede ir aumentando progresivamente. Usted piensa que está haciendo un excelente trabajo, pero sin la validación de los altos ejecutivos su confianza y seguridad está en cuestión.

No tiene por qué aceptar esta lamentable situación y seguir a oscuras en lo que respecta a su rendimiento en el trabajo. Escoja el momento y la forma adecuada para sondear en busca de pistas. No espere a la próxima evaluación de rendimiento que tendrá lugar dentro de seis meses o un año, donde puede llevarse una desilusión. Algunos ejecutivos posponen estas evaluaciones o las llevan a cabo de forma superficial.

Haga un sondeo para que colegas y jefes puedan informarle sin problemas de lo que piensan de usted. Cuando presente un trabajo, confirme que lo hayan recibido y pregunte si respondió a lo que necesitaban. Después de efectuar una presentación, pregunte en privado a los miembros de la audiencia si creen que fue un tiempo bien invertido. Después de proponer una idea, haga seguimiento para comprobar si sus colegas y jefes están de acuerdo con ellas.

Capture feedback a través de los siguientes métodos:

→ **Pruebe las preguntas indirectas:** si usted mantiene una buena relación con alguien puede plantearle directamente, «¿puedes darme tu feedback sincero?» Pero pocas personas darán respuestas completas y francas. A veces es mejor que usted mismo se dé el feedback y observe cómo reacciona su interlocutor. Ejemplo: «Creo que hay dos áreas en las que tengo que mejorar –escuchar y negociar contratos, ¿está de acuerdo?»

→ **Establezca un punto de referencia:** En cuánto domine el modo de hablar de una persona, podrá leer entre líneas cuando le transmita su feedback. Cuando alguien que generalmente prefiere utilizar palabras como «bien» o «de acuerdo» califica su trabajo de «soberbio», está potente señal de aprobación tan inusitada es sumamente reveladora.

→ **Despersonalice:** en lugar de pedir feedback a quemarropa, hable en términos generales. Ejemplo: «¿Qué piensa de las personas que insisten en presentar un trabajo sin defectos aunque tarden más tiempo en realizarlo?» Eso es mejor que decir «Soy una persona demasiado perfeccionista que hace un excelente trabajo pero con lentitud».

13

—

Dé instrucciones efectivas

«Los cinco pasos de la
enseñanza de nuevas
competencias/habilidades a los
empleados son: preparación,
explicación, demostración,
observación y supervisión.»

Una de las mayores trampas en las que caen los managers es cuando no comunican exactamente lo que quieren –y se pondrán furiosos si no lo consiguen.

Ahora que usted es un manager, se verá dando instrucciones a los subordinados prácticamente todo el día. Lo que diga –y cómo lo diga– determinará en gran medida su cumplimiento.

La tarea es aparentemente sencilla: explique simplemente lo que quiere que hagan los demás y permita que lo hagan. No obstante, hay muchos obstáculos que pueden hacer descarrilar el proceso. Es posible que los subordinados no escuchen como debieran. Es posible que usted no hable con claridad. Aunque ellos entiendan perfectamente lo que usted quiere, pueden rehusar hacerlo o fracasar en el intento.

Cuando dé instrucciones, tiene que dar con el tono adecuado. Si da demasiados detalles o habla con aires de superioridad a los subordinados, estos pueden sentirse molestos y menospreciados por ello. Pero si les da una serie de órdenes complejas a gritos, pueden acabar confundidos e inseguros sobre por donde tienen que empezar.

Los problemas pueden estallar si usted se precipita en su explicación o bien exagera el uso de acrónimos u otro lenguaje de carácter técnico. Es probable que sus subordinados no conozcan la situación tan a fondo como usted y, por tanto, quizás tenga que utilizar palabras más sencillas y claras. No dé por sentado que se identifican con su forma de pensar.

Personalice las instrucciones de acuerdo con la personalidad y el nivel de su interlocutor. Tenga en cuenta el estilo normal de comunicación de la persona, sus habilidades de escucha, y su familiaridad con la tarea en cuestión. Por ejemplo, si alguien tiene tendencia a saltarse una parte y dejar pasar información clave, usted tendría que numerar los distintos pasos y asegurarse de que el subordinado ha tomado las notas pertinentes.

El peligro aumenta cuando se dan instrucciones a empleados nuevos, en especial si están aprendiendo como es el negocio y la empresa. Evite el argot técnico con los nuevos fichajes. Suprima la ambigüedad en sus afirmaciones. Si cualquier parte de sus instrucciones tiene múltiples significados, las probabilidades de malinterpretación suben vertiginosamente. En estos casos es crucial que usted especifique como quiere que se interprete lo que está diciendo o como desea que actúen los demás en base a ello.

Céntrese en la acción. Si usted prologa sus instrucciones con demasiados antecedentes, la paciencia de los oyentes se puede poner a prueba.. La inserción de aspectos tangenciales o la manifestación de su opinión cuando dé directrices pueden enturbiar el mensaje esencial. Para asegurarse de que transmite sus instrucciones de forma clara, póngase en el lugar de los empleados y asegúrese de que da una respuesta instantánea y en una sola frase a la pregunta, «¿qué quiere usted que haga?»

 Para obtener los mejores resultados cuando dé instrucciones:

→ **Ensaye:** organice sus pensamientos por anticipado. Practique con un amigo. Confirme que es capaz de dar instrucciones a los empleados de forma clara y concisa

→ **Arranque de forma sencilla:** empiece por los aspectos básicos y vaya pasando gradualmente a los más complejos. Ofrezca a los subordinados la oportunidad de hacer preguntas a lo largo de toda la sesión para que así adquieran seguridad en los aspectos fundamentales antes de tener que asimilar otros más complejos.

→ **Pida una demostración:** inste a los empleados a que demuestren su comprensión. No les pregunte tan solo si han entendido; invíteles a que lo demuestren.

14

Hable con fuerza

«La mejor elocuencia es aquella
que consigue que las cosas se
lleven a cabo.»

DAVID LLOYD GEORGE

A pesar de las ansias de poder del antiguo Secretario de Estado **Alexander Haig**, desde luego su forma de hablar no era el estilo franco y directo de un alto mando militar, sino que le gustaba utilizar frases pomposas y hasta cierto punto oscuras. Hablar como un burócrata no solo socava su propósito, sino que además dificulta que los demás le entiendan y confíen en usted. Fíjese el objetivo como manager de llegar a ser un comunicador que utiliza un lenguaje llano y sensato.

Aunque usted haya ascendido a las filas de los directivos gracias a su *know-how* técnico o su historial de trabajador duro, una buena parte de su éxito reside en su capacidad para hablar con fuerza. Cuando usted habla tiene que asegurarse de que los demás escuchan.

Un interlocutor soso y que balbucee será un desastre como manager. Usted debe manifestar cuál es su posición de forma clara y dificultar a los demás que le ignoren, Por otra parte, tampoco tiene que dominar todas las conversaciones.

Las habilidades de una comunicación con fuerza giran alrededor del tono de voz, el lenguaje corporal y las palabras seleccionadas. Cuando se habla con la inflexión, el ritmo y el volumen de voz apropiados, se está facilitando la comprensión de la gente: Un porte erguido, una gesticulación natural y un contacto visual amistoso irradiarán equilibrio y liderazgo. Además, si selecciona palabras claras para manifestar su opinión de forma convincente y limita el uso de calificativos, añadirá precisión y fuerza a sus observaciones.

Los oradores impactantes centran el objetivo en su argumento principal. Eliminan los aspectos superfluos y utilizan el menor número de palabras para comunicar su mensaje esencial.

Aunque se considere una persona tímida o que habla con un tono de voz suave, enrollarse no es justificable. Analizar con escaso entusiasmo todas las posiciones o manifestar su aprobación o acuerdo murmurando entre dientes no impresionará a su audiencia. Aunque usted sea una persona vergonzosa y extremadamente modesta, utilice expresiones llamativas e inequívocas. No deje caer insinuaciones sutiles cuando la situación requiera que diga lo que piensa y sea concreto.

Si quiere convencer a los demás, dese cuenta de que es más probable que le sigan si habla de forma sencilla y directa. No desperdicie las palabras. Tenga cuidado con dar demasiada información cuando trate de explicar un tema. Ignore los datos que no sean relevantes y hable tan solo de lo que sea más importante.

Veamos a continuación tres formas de hablar con fuerza:

→ **Ponga énfasis en las palabras que implican acción:** Antes de tratar un punto importante, identifique las palabras que impliquen acción en sus frases. Luego, haga una pausa de medio segundo justo antes y después de pronunciarlas. La acción da fuerza al significado. No se precipite sobre las palabras.

→ **Varíe el volumen de voz:** las personas que comunican con fuerza no son monótonos. Susurran para provocar que los demás escuchen y elevan la voz cuando están entusiasmados o sorprendidos. Retoque el dial de su volumen de voz para reflejar los altibajos y el flujo de la conversación.

→ **Dibuje imágenes con las palabras:** hable en términos visuales para cautivar a sus oyentes. En lugar de decirles lo que deben pensar, descríbales lo que ve en un lenguaje preciso y vivo.

15
—

Convenza a los cínicos

En lo referente a personas y
sus rarezas, idiosincrasias, y
defectos, la variedad parece no
tener límites. El propósito del
manager sigue siendo el
mismo: evitar que estos seres
humanos atasquen el
funcionamiento de su grupo.»

ANDREW S. GEORGE

Ignore a los cínicos bajo su cuenta y riesgo. Si no se les controla, los cínicos pueden vaciar la organización de su entusiasmo y compromiso con la excelencia. Creen que ya tienen en su mano todas las respuestas y, por tanto, no atienden a razones. Tomarse a risa sus sarcásticos comentarios no es una solución a largo plazo, porque ellos percibirán su sumisa reacción como una luz verde para intensificar sus travesuras.

Una de sus tareas más duras como manager es tapar la boca a los cínicos e impedirles que contaminen la moral del grupo, lo cual exige una vigilancia permanente. No acepte comentarios cínicos aunque esté de acuerdo con el fondo de la cuestión ni tampoco cuando se sienta aliviado porque el golpe no va dirigido a usted. Reaccione a todo este tipo de comentarios de forma sistemática.

Por ejemplo, Tom, un administrativo, fustiga el programa del «buzón de sugerencias» de su compañía. No asienta con la cabeza ni ponga los ojos en blanco mientras el despacha el programa como un «chiste». Aunque usted comparta el desdén de Tom por el programa, no lo diga y, en cambio, invítele a que se explique en detalle. Pregúntele, «¿qué pasos concretos piensa usted que deberían darse para mejorar el programa?» Traslade el foco de atención desde la queja sarcástica a la solución del problema.

Algunos cínicos necesitan un espacio de seguridad para ventilar sus observaciones y opiniones. Posiblemente tenga que asignar un subordinado de confianza para que «compadree» con el cínico y sirva como caja de resonancia. Haga que se reúnan periódicamente para compartir ideas y planificar proyectos. Escoja un «compadre» que sepa soportar bien el cinismo y que tenga habilidad para redirigir el sarcasmo hacia una acción positiva.

Al permitir a los cínicos que descarguen sus punzantes burlas en privado, serán menos propensos a alterar la buena marcha de las reuniones del equipo. Mejor aún, los demás no seguirán el ejemplo del cínico si no están expuestos a los mordaces arranques del agitador.

A veces, los managers novatos etiquetan a alguien de cínico y hacen caso omiso de los puntos de vista de dicha persona. No hacer caso a los cínicos no les hace desaparecer.

Evite también poner calificativos a la gente. Si usted considera a Jim el «Señor Sarcasmo» y se refiere a él de ese modo a sus espaldas, él podría llegar a descubrirlo y su actitud podría empeorar. Corte de raíz el cinismo pidiendo a los responsables que abandonen sus mordaces comentarios. Reúnase con cada uno de ellos y aborde el tema de frente.

Para domesticar a los cínicos:

→ **Suprima los obstáculos para facilitar su trabajo:** si tienen un argumento válido, actúe en base al mismo. Fije un cuello de botella en el sistema que aborde su reivindicación. Recompense las propuestas constructivas con una reacción rápida que demuestre que el cinismo no es rentable.

→ **Deje hacer experimentos a los críticos:** autorice a los cínicos a que se hagan cargo de ciertos asuntos por su cuenta–dentro de unos límites razonables. Permítales hacer cambios condicionales según estimen conveniente. Otórgueles una autoridad limitada, haga seguimiento y controle los resultados conjuntamente con ellos. Deje que ejerzan el poder y tendrán menos cosas de las que quejarse.

→ **Solicite pruebas:** los cínicos suelen hacer comentarios duros sin aportar las pruebas correspondientes. Si pregunta, «¿qué datos o hechos respaldan esta afirmación?», puede dejar al descubierto la precaria base de su argumentación. Y, en caso de que expongan una razón convincente, ayúdeles a ver cómo pueden hacer efectivo el cambio atrayendo aliados en lugar de adoptar una actitud de enfrentamiento.

16

Prepárese para el cambio

«Los empleados no se oponen
al cambio. Se oponen a que les
cambien.»

Peter Scholles

Exprese una visión para sus empleados y ayúdeles a que valoren su rol en su aportación al éxito de la organización. Eso es especialmente importante durante las épocas de cambio.

Cuando usted define una nueva dirección para avanzar, está tranquilizando a los subordinados con los beneficios del cambio. No debería tener que hacerlo usted solo. Idealmente, la alta dirección debería ya saber por qué el cambio mejorará la organización –y proporcionarle la «línea o guion oficial» que a su vez usted tendría que comunicar a su personal. Así podrá convertirse en un abanderado del cambio, difundiendo el evangelio desde arriba y respaldándolo con el sello propio de su entusiasmo.

Si a usted le dejan a la deriva para que ayude a su equipo a capear el cambio por su cuenta, no se desespere. Identifique las ventajas del cambio desde el punto de vista de sus subordinados. Apele a su propio interés y especifique lo que van a ganar tanto desde un punto de vista a largo plazo como a corto plazo. Si dos oficinas van a fusionarse en una sola, por ejemplo, podría comunicar a los trabajadores que esto va a redundar en una mejor comunicación con sus colegas y jefes, en un mejor acceso a la tecnología que facilitará su trabajo, y en ahorros de costes para la compañía, lo que a su vez dará mayor seguridad a su puesto de trabajo.

Tenga cuidado con el abuso de eslóganes. Ignore los tópicos como «el cambios es una constante aquí» o «debemos cambiar o morir». Los clichés les suenan falsos a los empleados. En su lugar, prevea sus preguntas y preocupaciones –y esté preparado para responderlas.

Si un cambio puede ocasionar despidos, reubicaciones u otros trastornos que afecten directamente a los empleados, reúna los datos por anticipado. Tal vez tenga que elaborar y repartir una hoja de preguntas y respuestas, dónde los empleados puedan informarse de lo que está ocurriendo y de cómo el cambio va a alterar su rutina diaria.

Dedique mucho tiempo a reuniones informales con su gente. Cuanto más pueda charlar cara a cara sobre el cambio y lo que va a significar para los empleados, más será capaz de disipar los rumores y ganarse su confianza respecto a lo que les deparará el futuro. Sea accesible a todo el mundo.

Quizás los nuevos managers no estén informados acerca de lo que está ocurriendo, así que hable con franqueza a los trabajadores si no tiene todas las respuestas. Decir, «no lo sé, pero lo averiguaré y se lo diré más adelante» es más eficaz que encerrarse a cal y canto en su despacho y quedarse al margen.

Ponga las bases del cambio, siguiendo estos pasos:

→ **Muestre la recompensa:** explique a los empleados los beneficios que esperan a los que mejor se adapten al cambio. Si pueden conseguir un despacho más grande, un mejor equipo o un horario más flexible, podrían contemplar el cambio de una forma más abierta y disminuir su oposición al mismo.

→ **Prevea las múltiples consecuencias:** los subordinados querrán que usted les comente los resultados del cambio: «¿En qué sentido van a cambiar las cosas?» Responda la pregunta exponiendo una gama de consecuencias y concrete cuáles serán las variables que determinarán la forma en que evolucionará el cambio.

→ **No dé opiniones negativas:** presente el cambio bajo una luz positiva, o por lo menos neutral. No haga hincapié en su desagrado con el mismo –de lo contrario, los empleados seguirán su ejemplo y se quejarán aún más.

17

Reprima el impulso de hablar

«Escuche el tiempo suficiente y
generalmente su interlocutor
propondrá la solución
adecuada.»

Los comunicadores más dinámicos no hablan en exceso.
En lugar de tratar de hablar más alto y más enérgicamente que cualquier otra persona de la sala, los managers carismáticos captan la atención de todo el mundo tratando las palabras que pronuncian como un precioso recurso. Sólo hablan cuando tiene algo que decir.

El silencio potencia su poder. Cuando usted se mantiene tranquilo, escucha con atención y expresa sus opiniones con el menor número de palabras posibles, está adquiriendo una ventaja persuasiva. Los subordinados sabrán que toda palabra es importante –y le prestarán una atención sin reservas.

Atormentados por el nerviosismo y la incertidumbre, algunos nuevos managers hablan en exceso. Repiten una y otra vez instrucciones sencillas hasta el punto de que los empleados se sienten insultados. Cuentan largas y farragosas anécdotas que no sirven a un objetivo claro de hacer avanzar la conversación. Interrumpen a sus interlocutores y cambian de tema. Cada vez que esto ocurre, sobrevuela la amenaza de que los empleados desconecten, ya que pueden pensar, «está persona no está interesada en escucharme, así que por qué tengo yo que escucharla?»

Para que usted el impulso de hablar, tiene que valorar la fuerza que tiene el silencio. Eso es más fácil decirlo que hacerlo. Muchas personas se cohíben más en los momentos de silencio de una conversación. Es posible que a los managers les preocupe transmitir una sensación de inseguridad en sí mismos a menos que siempre tengan algo que decir.

Al mantenerse en silencio, los managers suelen comunicar de forma potente y clara. Una pausa elocuente puede estar transmitiendo aprobación, desaprobación, preocupación, curiosidad o muchísimas cosas más. Depende del contexto de la conversación, del momento y de la expresión facial.

Reprimir el impulso de hablar es especialmente útil cuando usted desee tranquilizar unos ánimos caldeados –los suyos o los de otras personas. El silencio ofrece a todos la oportunidad de reflexionar sobre la situación, en lugar de inflamarla aún más mediante comentarios que conlleven una gran carga emocional.

Otro de los peligros de hablar en exceso es que se puede llegar a aburrir a los oyentes. Si usted habla sin parar, es probable que los empleados inquietos dejen de prestar atención a sus directrices. Pueden ponerse a soñar despiertos desde el primer momento que introduce sus comentarios, con lo que pierden informaciones esenciales que usted quiere que conozcan.

Cuando sienta el impulso de hablar, pregúntese si puede esperar. Mantenga la boca cerrada, respire normalmente y escuche.

Para aprovechar la fuerza del silencio:

→ **Aplique la regla 80/20:** en las conversaciones cara a cara, trate de escuchar el 80 por ciento del tiempo y limite su oratoria al restante 20 por ciento. Esto requiere hacer preguntas para que el interlocutor se abra.

→ **Deténgase después de hacer una pregunta:** cuando plantee una pregunta, deténgase. Espere una respuesta. Si no obtiene una reacción rápida, no se precipite a contestar su propia pregunta ni tampoco salte a otro tema. Una espera en silencio de 5 a 10 segundos puede parecer una eternidad, pero a veces es la única manera de averiguar lo que piensan los demás.

→ **Deje que la gente se desahogue:** cuando alguien esté enfadado o inquieto y necesite desfogarse, mantenga la calma. Muy a menudo, decir, «tranquilícese» o «comprendo» sólo empeora las cosas. (La persona puede replicar, «¡ya estoy calmado!» o «¿no, es usted el que no entiende!»).

18

Plantee preguntas perspicaces

«Mi mejor punto fuerte como consultor es ser ignorante y hacer algunas preguntas.»

PETER DRUCKER

Uno de los rasgos que deben poseer los managers para tener éxito y que más frecuentemente se pasa por alto es su capacidad para hacer las preguntas necesarias a sus subordinados. Sin embargo, el acto de preguntar le coloca, por sí mismo, en una situación de riesgo. Usted puede ofender o molestar a los demás con su tono de voz o con las palabras elegidas. Y es posible que no le guste la respuesta.

Sin embargo, las preguntas son herramientas insustituibles que le permiten aprender. Ningún manager puede ejercer su función correctamente sin hacer un montón de preguntas a sus subordinados. Una formulación inteligente de las preguntas en el momento oportuno incrementa sus probabilidades de que los trabajadores le hablen con franqueza.

Es posible que los empleados que hayan trabajado antes para un jefe menos preguntón reciban sus preguntas con satisfacción. Pueden valorar su buena disposición a escuchar y aprender en lugar de decirles simplemente lo que tienen que hacer. A través de las preguntas, usted puede poner al descubierto nuevas ideas y opiniones que los empleados habían reprimido previamente porque nadie más había mostrado interés alguno en ellas.

Demuestre interés en cada respuesta. Agradezca cualquier contestación especialmente informativa. Espere unos pocos segundos después de que su interlocutor haya finalizado antes de intervenir. Esto permite que los demás incorporen más comentarios significativos, que en otras circunstancias se habrían guardado para sí mismos.

Haga preguntas solamente si está verdaderamente interesado en la respuesta. Los empleados pueden detectar instantáneamente que a usted no le importa en absoluto la respuesta. Su aire distraído, la mirada ausente o un tono de voz monótono pueden dar a entender que usted está cumpliendo el expediente en lugar de esforzarse en aprender. Tampoco recite de un tirón una serie de preguntas porque puede caer en la modalidad de un antipático interrogatorio.

Vigile su lenguaje corporal mientras escucha la respuesta. Permanezca quieto y atento. Si se muestra nervioso o su mirada vaga por toda la sala, los demás tal vez perciban que no está interesado en escuchar sus respuestas.

Absténgase de sonreír y asentir con la cabeza en exceso. En su intento de parecer comprensivo podría llegar a la exageración, ya que cuando finalmente se canse de enviar señales afirmativas, su interlocutor puede preguntarse si ya no está de acuerdo o no entiende lo que le está diciendo. Asimismo, no chasquee la lengua ni meta baza con expresiones como «adelante» o «me lo puedo imaginar» cada pocos segundos, ya que con ello puede alterar la concentración de su interlocutor.

 Veamos a continuación algunos consejos para plantear preguntas perspicaces:

→ **Evite la complicación:** separe las exposiciones de las preguntas. No mezcle sus preguntas con sus observaciones u opiniones. La utilización del menor número de palabras posibles le ayuda a ceñirse a la cuestión esencial sin provocar confusión.

→ **Incorpore un sondeo adicional:** para demostrar que está escuchando y confirmar que ha entendido la respuesta, adquiera la costumbre de hacer seguimiento cuando se está discutiendo un tema importante. Emplee frases como «tan sólo para estar seguro de que lo he captado...» o «así que lo que usted está diciendo es...».

→ **Profundice por debajo de la superficie:** oriente a los subordinados para que piensen de forma más rigurosa. Profundice con cuidado, preguntando, «¿cuál es la importancia de esto?» o «¿A qué conclusión llega usted a partir de esto?»

En estos últimos capítulos (13, 14, 15, 17 y 18) hemos hablado de la importancia de la comunicación y nos hemos extendido sobre las distintas capacidades del líder y sobre las mejores armas a utilizar en la comunicación con sus subordinados. También nos hemos extendido sobre situaciones concretas y qué hacer en ellas. Como resumen al tema de la comunicación, piense ahora en sus propias capacidades y destaque aquello que le puede ayudar a comunicar mejor y aquello que puede ser un inconveniente. Saque sus propias conclusiones al respecto.

_____

_____

_____

_____

_____

_____

_____

_____

_____

_____

_____

_____

_____

_____

_____

_____

19

—

**Eleve el nivel
de los que ofrecen un
rendimiento bajo o
mediocre**

«Descubrimos que los entornos empresariales más fascinantes, dónde se trataba muy bien a la gente, eran también duros como la piedra. Allí no hay espacio para la jerga burocrática... las compañías que están en la excelencia ofrecen dos cosas a la vez: entornos de gran exigencia y entornos de gran comprensión y ayuda.»

Tom Peters

Ponga el listón bien alto. Si acepta un rendimiento bajo o mediocre de sus empleados, acabará con un grupo de trabajadores escasamente eficientes.

Los managers novatos tienen que impulsar la excelencia en su gestión. Exija el máximo de las personas y ellas se esforzarán por cumplir. Tolere un esfuerzo poco entusiasta y estará enviando un mensaje de que sus estándares son fáciles de cumplir.

Cuando transforme medianías en estrellas de alto rendimiento, usted impresionará a sus jefes y se ganará una reputación de líder enérgico orientado a la consecución de resultados. Sus subordinados también se sentirán mejor sobre sí mismos en cuanto vean que forman parte de un equipo de elite. El deseo de destacar se alimentará a sí mismo y su personal ya no se conformará con tareas de segunda categoría.

Si acepta de los demás un rendimiento de baja calidad, sacará a relucir lo peor que hay en usted. Sus resultados pueden comenzar a descender. Rodéese de mediocridad y cada vez será más difícil dar el 100 por 100. En el ámbito del deporte profesional, hay numerosos ejemplos de atletas que tuvieron dificultades cuando jugaban con equipos que ocupaban los últimos puestos de la clasificación y en cambio mejoraron notablemente cuando fueron traspasados a equipos punteros. El hecho de que de repente se vean rodeados por un entrenador y unos compañeros que esperan y exigen un rendimiento superior les hace profundizar en sí mismos y generar mejores resultados.

Implíquese cuando detecte un rendimiento mediocre. Los nuevos managers pueden dedicar erróneamente la mayor parte de su tiempo a los empleados más brillantes y evitar al resto. Ignorar a los gandules o a los que tienen un rendimiento inferior a la media les permitirá esconderse en el interior de su unidad o departamento. Cada vez será más difícil desalojarlos si deja que vayan a su aire.

Vaya minando su inaceptable rendimiento fijándoles objetivos cada vez más ambiciosos y aplaudiendo sus esfuerzos de mejora. Refuerce lo que hagan bien mediante el elogio. Si caen en la mediocridad, intervenga y recuérdeles lo mucho que usted espera de ellos.

Algunos empleados se resistirán a sus ruegos. Cuanta más excelencia exija, más se quejarán. No hay que dignificar sus quejas asintiendo en silencio o aparentando empatía, sino que debe cortar el contacto visual en cuanto empiecen a lloriquear. Esto les enseñará que para poder disponer de toda su atención deben cortar de raíz las quejas y comprometerse a mejorar su rendimiento.

Para impulsar a la excelencia a los que ofrecen un rendimiento bajo o mediocre:

→ **Apoye sus puntos fuertes aunque ellos no lo hagan:** ponga énfasis en lo que los empleados hacen bien. Infle el valor de sus activos profesionales y hágales comprender lo mucho que pueden aportar si explotan todo su potencial.

→ **Desafíelos a mejorar de forma gradual:** es imposible transformar mediocridades en estrellas de la noche a la mañana. Fije objetivos a corto plazo que requieran un esfuerzo y una efectividad ligeramente superiores a los actuales. Con cada mejora gradual, estará elevando estos empleados a un nivel más alto.

→ **Asigne a colegas suyos como mentores:** ponga a sus subordinados más motivados y de mayor talento al lado de los «perdedores». Los empleados débiles suelen reaccionar bien cuando están bajo la influencia de compañeros efectivos y colaborativos.

20

Entretenga a su audiencia

«Presentación: un acontecimiento visual y acústico cuyo propósito es comunicar, con el objetivo de suministrar información, ayudar a entender, conseguir acuerdos y/o motivar la acción.»

La capacidad de ofrecer una buena presentación añade una herramienta valiosa a su arsenal de gestión. Se destacará de los demás cuando exhiba su carisma y seguridad enfrente de una audiencia.

La clave para convencer a un pequeño grupo es que usted se vea a sí mismo como el moderador de un debate y no como un orador. En lugar de adoptar gestos y maneras formales y pronunciar un discurso preparado, su labor es fomentar un diálogo que mantenga el interés de todos los participantes.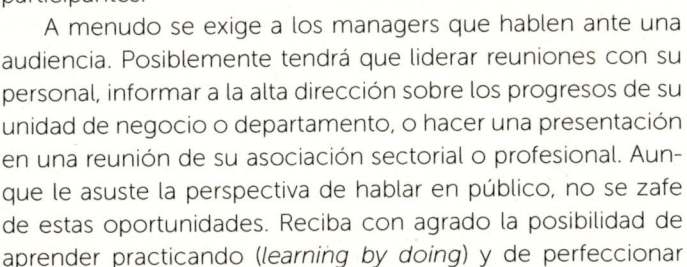

A menudo se exige a los managers que hablen ante una audiencia. Posiblemente tendrá que liderar reuniones con su personal, informar a la alta dirección sobre los progresos de su unidad de negocio o departamento, o hacer una presentación en una reunión de su asociación sectorial o profesional. Aunque le asuste la perspectiva de hablar en público, no se zafe de estas oportunidades. Reciba con agrado la posibilidad de aprender practicando (*learning by doing*) y de perfeccionar sus competencias o habilidades.

Procure irradiar autenticidad cuando hable. Desde un punto de vista ideal, usted deseará que los asistentes salgan de su presentación diciendo «por fin, hay alguien que actúa con naturalidad en el estrado». Cuanto más familiar parezca, más atención le prestará la gente y más le creerá. Si se aclara la garganta repetidamente, habla con un tono de voz artificialmente profundo, su expresión es rígida y acartonada en lugar de viva y animada, será más difícil que la audiencia le acepte como un tipo creíble.

Haga que su primer minuto sea importante. Comience captando la atención de todos con una observación que les cautive, una anécdota reveladora o una estadística sorprendente. Arranque dirigiéndose a la persona que esté más lejos de usted. Con ello se garantiza que su voz envuelve la sala. Si de entrada murmura o mascula entre dientes, la audiencia podría decidir que usted no tiene nada que decir y dejar de sintonizarle.

Permanezca erguido. Equilibre el peso de su cuerpo sobre ambos pies y así no se inclinará a ningún lado ni sus andares no serán desgarbados. Deje descansar los brazos cómodamente al lado del cuerpo y gesticule de forma natural. Asegúrese, sobre todo, de mantener las manos lejos de la cara. No debe frotarse las mejillas, pasarse las manos por encima de los cabellos, ni gesticular violentamente, agitando brazos y mano frente a su rostro.

Establezca un contacto visual amistoso con diferentes individuos de la audiencia. Idealmente, mire a alguien directamente mientras pronuncia dos frases. A continuación, establezca una conexión visual con un asistente que se encuentre en otra parte de la sala para las dos próximas frases y así sucesivamente. No deje que sus ojos vaguen continuamente de un sitio a otro de la sala sin unirse a una persona en concreto.

 Siga estas normas para mejorar sus charlas en público:

→ **Personalice las observaciones:** sea flexible dentro de un esbozo general, sin aferrarse a un texto preparado, palabra por palabra. Si lee un texto de forma literal acabará durmiendo a la gente. Invite a que le hagan preguntas a lo largo de la presentación y así dará oportunidad a los asistentes a que metan baza.

→ **Implique a todo el grupo:** Los ponentes nerviosos pueden concentrarse en dos o tres aliados de la audiencia e ignorar a todos los demás. Establezca contacto visual con personas situados en los cuatro cuadrantes de la sala. Preste idéntica atención a amigos, enemigos y extraños. Busque con la mirada a los individuos sentados en las últimas filas para que no se sientan excluidos.

→ **Utilice medios de apoyo visuales:** minimice la utilización de diapositivas. Incorpore elementos visuales a su presentación sólo si añaden claramente algo especial.

21

Critique sin crítica

«Jamás critique hasta que la gente esté convencida de que usted tiene una confianza incondicional en sus posibilidades.»

JOHN ROBINSON

Como nuevo manager, habrá ocasiones en que tendrá que criticar a sus subordinados. Le asustará al principio. Pero conforme vaya adquiriendo práctica todo será más fácil.

Cuando reparte críticas pone a prueba sus competencias/ habilidades de comunicación. Si lo hace correctamente, podrá transformar un mensaje mordaz y negativo en una experiencia motivadora y formativa para todos los implicados.

Su tono de voz y las palabras escogidas serán los determinantes del éxito. Si ofrece una sensación de incomodidad o bien de exasperación, estará en un aprieto. Sus empleados percibirán su irritación y se acobardarán. Y si es demasiado brusco su crítica puede percibirse como una ofensa.

Seleccione las palabras que aborden el problema en cuestión de un modo imparcial. Evite las palabras «siempre», «nunca» «pésimo», que exageran la situación y provocan la reacción a la defensiva del empleado.

Evite también los verbos «ser» y tener» que señalan culpa –y equiparan a la persona con una imperfección. Ejemplo: sustituya «Jack es perezoso», por «Jack tiene que hacer más visitas a lo largo del día». Las palabras juegan en su contra cuando dan lugar a generalizaciones o juicios de valor que exageran de forma extrema un problema de rendimiento.

Sin embargo, las palabras van a su favor cuando describen el comportamiento observable y proyectan imágenes de las acciones del empleado. Cuando exprese lo que usted observa, su crítica estará enraizada en evidencias sólidas. Además, será más difícil para el trabajador discutir o polemizar con usted.

Antes de criticar, pregúntese a sí mismo, «¿qué está haciendo esta persona?». Asegúrese de que su respuesta capta exactamente dicha conducta. Si recurre a palabras como «despacio o lento», «descuidado o negligente» o «inaceptable» no estará comunicando hechos reales, sino que estará juzgando y poniendo etiquetas al comportamiento de alguien.

Por norma, haga las críticas en privado. Los empleados no deben sentirse cohibidos. Asimismo, comience la sesión con una nota positiva. Utilice frases como, «eso puede ser útil...» o «he aquí una idea...». Jamás critique la personalidad de un subordinado; limite sus comentarios a actos concretos que usted desee que la persona modifique o mejore.

Hable de forma sincera y optimista. Si su crítica es bienintencionada, no hay razón para parecer vacilante, duro o deprimido. Un tono entusiasta preparará el camino para la reacción del individuo.

No critique al mismo tiempo que da rienda suelta su frustración reprimida. Los managers de temperamento fogoso solo deberían hacer una crítica cuando estén tranquilos y con dominio de sí mismos.

He aquí como hacer críticas constructivas:

→ **Sea directo:** si se siente incómodo podría tratar de esquivar el tema. Pero si lo evita, lo único que conseguirá será prolongar la agonía. Manifieste su crítica en pocas palabras, sin balbucear ni dejar caer indirectas.

→ **Compruebe las suposiciones en que se basa:** asegúrese de que tiene fe en que el empleado puede mejorar. Critique con la convicción subyacente de que «usted es capaz de hacerlo mejor» en lugar de «usted es un caso perdido».

→ **Proteja la autoestima del empleado:** permita que su subordinado guarde las apariencias diciéndole «tal vez usted no sea consciente de esto...» o «aquí tiene una sugerencia, y me gustaría saber que piensa al respecto».

22

Ahorre tiempo

«Si usted pregunta a la gente que porcentaje de su tiempo dedica a los temas urgentes pero no importantes, la mayoría respondería que un cincuenta por ciento.»

STEPHEN COVEY

No hay ningún misterio en la gestión de su tiempo. Lo único que hace falta es disciplina, concentración y compromiso.

Los nuevos managers pueden asistir a seminarios de gestión del tiempo y adquirir complicados «sistemas de eficiencia» (que suelen constar de agendas en blanco, registros de notas y calendarios diarios) con la falsa sensación de que tienen que aprovisionarse de sofisticadas herramientas para tener éxito.

En realidad, todo lo que se necesita son grandes dosis de fuerza de voluntad.

La gestión del tiempo requiere que usted detecte sus hábitos de trabajo poco rigurosos y los solucione. Cuando aísle el despilfarro de tiempo en su modo de planificar y llevar a cabo su trabajo, podrá encontrar soluciones que posibiliten que usted consiga más cosas en menos tiempo.

Los managers novatos suelen tener dificultades con los problemas de gestión del tiempo relativos a dejar las cosas para luego. Su nuevo puesto les agobia y acaban haciendo juegos malabares con docenas de prioridades a la vez. Arrancan llenos de proyectos, pero rara vez los acaban.

Para combatir los aplazamientos, investigue la razón por la que no completa lo que comienza. ¿Qué es lo que le detiene? En general, la respuesta pone de manifiesto su falta de confianza en el resultado, su incertidumbre respecto a que hacer a continuación, o su desagrado de la propia tarea en cuestión. Para poner un ejemplo corriente, los nuevos managers que no tienen una gran seguridad en sí mismos pueden temer que al acabar una tarea puntualmente y presentarla sean vulnerables a las críticas y demostrar así que no están preparadas para dirigir de forma efectiva. Así pues, van sobre seguro y la detienen.

Es normal la preocupación de que a uno le perciban como un impostor disfrazado de manager. Despréndase de la ansiedad, esfuércese y haga su trabajo lo mejor que sepa. Adoptar esta actitud le mantiene en el camino correcto y le permite gestionar su tiempo de un modo más productivo.

Piense que una lista de tareas pendientes no es la solución., sino simplemente una herramienta. La elaboración y reelaboración continua de listas puede convertirse realmente en un obstáculo que le impida actuar. Cuando vaya a redactar listas diarias o semanales de prioridades, evite las complicaciones y asigne a cada punto una fecha límite razonable.

No confunda actividad frenética con productividad. La inmersión permanente en el trabajo sólo para mantenerse ocupado podría parecerle satisfactoria, pero puede perder perspectiva. Determine lo que es verdaderamente importante y traslade su atención allí donde sea más necesaria.

Para obtener el máximo de todos sus días laborables:

→ **Elimine todo aquello que le haga perder tiempo:** identifique las actividades que le hacen desaprovechar el tiempo, como la navegación por internet sin un propósito determinado o las largas e informales conversaciones telefónicas que le desvían de tareas más urgentes. Aunque está muy bien hacer breves pausas en el transcurso de la jornada, asegúrese previamente de que se las ha ganado.

→ **Establezca estándares realistas:** las personas que gestionan mal su tiempo suelen ser perfeccionistas. Les aterroriza hacer algo de forma defectuosa y, por tanto, nunca la terminan. Procure llegar a la excelencia, no a la perfección.

→ **Organice «ráfagas de 15 minutos»:** durante este período de tiempo cronometrado, sumérjase en una tarea concreta. Aunque no la finalice, habrá cobrado velocidad y avanzado. .

Dentro de esta misma colección ¡Es fácil!, puede encontrar otro título dedicado exclusivamente a mejorar la gestión del tiempo: *Gestionar el tiempo. ¡Es fácil!*. Siguiendo las pautas de ese libro, le proponemos que evalúe su estilo de gestión del tiempo con sinceridad. Identifique aquellas áreas de su vida que más podrían beneficiarse de mejoras en este sentido.

ACTIVIDADES HABITUALES	PUNTUACIÓN

ACTIVIDADES HABITUALES	PUNTUACIÓN

23

Impresione a su jefe

«Gestionar a un jefe o superior es similar a gestionar a un cliente. En ambos casos, se trata de gestionar a seres humanos y de relaciones interpersonales»

CYNTHIA LOH

Del mismo modo que usted dirige y gestiona a sus empleados, usted también tiene que gestionar a su jefe. Su carrera profesional como directivo despegará si puede demostrar a la alta dirección de su compañía que es un profesional extraordinario en quien se puede confiar.

El propio pensamiento de tratar de impresionar al jefe puede acobardarle. La idea de obtener el favor de personas que tienen mucho poder en su organización puede darle la sensación de una tentativa simulada y calculada para progresar.

Hay un modo correcto y un modo incorrecto de impresionar a las personas muy importantes. Usted destacará, si supera las expectativas puestas en usted, se anticipa y se ocupa de las preocupaciones del jefe, y busca sistemáticamente nuevos medios de añadir valor. Pero si se da tono, habla pestes de sus colegas y acapara todo el mérito de los logros del equipo, manchará su reputación y perderá cualquier posibilidad de progresar.

Hable con un lenguaje dinámico. Los jefes prestarán atención a sus comentarios si da la impresión de que es una persona organizada, entusiasta y con ansias de generar resultados. Cuando le hagan una pregunta, ofrezca una visión general en una sola frase antes de entrar en los detalles. Por ejemplo, empiece diciendo, «tenemos tres opciones» o «analicemos esto a tres niveles distintos».

Mire hacia delante cuando discuta el status de un proyecto. Concéntrese en lo que ocurrirá en el futuro en lugar de hacer un refrito de lo que ya ha sucedido. Y nunca confiese que, «está a la espera de ver qué pasa». Es mejor decir, «vamos a avanzar cuando reanudemos nuestra reunión la próxima semana» que «estoy esperando que me devuelvan la llamada para programar una reunión la próxima semana».

Cuando el jefe le pida que haga algo, reaccione con seguridad. Diga, «lo tendré listo mañana a las ocho» en lugar de «trataré de entregárselo mañana por la mañana». No suelte una excusa. Los ejecutivos sospechan de los managers que tiñen sus observaciones con calificativos y huyen del compromiso puro y duro.

Busque pautas de conducta en la interacción con sus superiores. Prevea las cuestiones o solicitudes que le va a plantear el jefe y esté preparado para responder. Si promete hacer alguna cosa, cúmplalo puntualmente. No dé nunca motivos a su jefe para que le regañe.

 Lo más importante es que adopte una política de «no hay excusas». Si no genera resultados es prácticamente seguro que el jefe dudará de su competencia. Cuando se le pida un informe de la marcha de una tarea o proyecto, comience resumiendo lo que ya ha hecho, no lo que todavía no ha sido capaz de hacer. Diga, «aquí es donde nos encontramos» o «hasta ahora hemos conseguido estos cinco objetivos». No diga, «no he tenido la posibilidad de...» ni «espero que pronto podré...»

Prepárese a encantar a su jefe siguiendo estos tres pasos:

→ **Lleve respuestas preparadas:** piense anticipadamente en lo que el jefe le preguntará –y prepare respuestas concisas. Estudie los hechos y reúna la información más reciente y estará preparado para ofrecer un excelente impresión con su extraordinario conocimiento del tema.

→ **Prometa menos y cumpla más:** Fije un plazo que pueda cumplir. Liste los objetivos de proyecto –y luego cúmplalos todos agregando alguna cosa más. Vaya siempre más allá de lo que se espera y conseguirá destacar.

→ **Objete en privado:** espere que haya un momento de tranquilidad para cuestionar la orden de un jefe. Asegúrese de que nadie más pueda oírlos. No ponga nunca objeciones en público a los comentarios del jefe

24

—

Relaciónese

«La recomendación de hacer
'networking' no es más que una
forma sofisticada de decir,
'hable con la gente'.»

Ahora que usted es un manager, necesitará actualizar sus competencias/habilidades de gestión su red de contactos. Domine el arte de la charla informal y será capaz de establecer nuevas alianzas y contactos clave tanto dentro como fuera de la organización.

Relacionarse de forma efectiva con la gente no es ningún secreto. Simplemente tiene que dirigirse a los extraños en fiestas, reuniones o conferencias sectoriales, presentarse y hacer una pregunta amistosa para que la conversación arranque.

El mismo planteamiento es eficaz cuando usted asista a una reunión a nivel de toda la compañía y no conozca las personas que se sientan a su lado. Vuélvase hacia ellos y diga, «hola, mi nombre es...». Mencione en qué departamento trabajo y permita que el diálogo fluya de ahí en adelante.

Si usted genera una impresión de falta de interés, la gente se dará cuenta. Detectarán la ausencia de entusiasmo o sus constantes suspiros. Su tono de voz monótono transmitirá aburrimiento. Y si sus ojos vagan por la estancia mientras alguien le está hablando, dará la sensación de que no le importa lo más mínimo lo que tengan que decirle.

Fingir que algo le importa cuando en realidad está distraído o aburrido irá en contra suya. Es mejor armarse de energía y curiosidad para aprender algo en cada encuentro, aunque se encuentre agotado o preocupado en aquel momento.

Piense anticipadamente unas cuantas preguntas que pueda hacer para romper el hielo. Ejemplos: «¿Cuál es su opinión de la charla?» o «¿Cuánto tiempo hace que forma parte de este grupo?». Pida la opinión a los demás sin que parezca un interrogatorio y se le abrirán.

Haga un seguimiento de los puntos de interés abordados por sus interlocutores. Esto demuestra que usted desea aprender más cosas de ellos. No recite una letanía de preguntas sin antes reconocer o reaccionar a las respuestas.

Trate de abrir las conversaciones para manifestar una genuina admiración o alabanza. Si sus interlocutores citan determinados logros, como un nuevo nombramiento, cargo o ascenso profesional, felicítelos. Prolongue su placer haciéndoles preguntas sobre sus más recientes triunfos.

Cuando haga vida social en su compañía, no dé por sentado que sus colegas de otros departamentos (o incluso sus jefes), saben lo que usted está haciendo. Tal vez no le pregunten en que trabaja ni en cómo le va, así que debería tener in mente una lista de temas de actualizados para entrelazarlos en la conversación.

Para mejorar la gestión de su red de contactos:

→ **Compórtese de forma positiva:** cuando conozca a alguien, cíñase a temas seguros y optimistas. No se queje ni critique a otras personas.

→ **Repita antes de responder:** si necesita tiempo para meditar una respuesta o se siente incómodo con la pregunta, repítala con palabras ligeramente distintas. Esto animará a él o ella a dar más detalles, lo que a su vez le concederá más tiempo para dar la respuesta más diplomática posible.

→ **Sepa por anticipado quien asistirá:** revise la lista de invitados y dejará menos cosas al azar. De ese modo, será capaz de identificar a personas influyentes que desea conocer y podrá planear la forma en que se dirigirá a ellas.

«Las personas no son ecuaciones matemáticas; por tanto dirigirlas es un proceso más inde inido y espontáneo que la entrada de datos cuantitativos en el sistema.»

ANOTE AQUELLAS IDEAS QUE LE HAN PARECIDO MÁS EFICACES*

* No olvide señalar la página del libro donde se encuentra. ¡Esta simple acción le hará ganar tiempo!

ANOTE AQUELLAS IDEAS QUE LE HAN PARECIDO MÁS EFICACES*

* No olvide señalar la página del libro donde se encuentra. ¡Esta simple acción le hará ganar tiempo!

ANOTE AQUELLAS IDEAS QUE LE HAN PARECIDO MÁS EFICACES*

* No olvide señalar la página del libro donde se encuentra. ¡Esta simple acción le hará ganar tiempo!

ANOTE AQUELLAS IDEAS QUE LE HAN PARECIDO MÁS EFICACES*

* No olvide señalar la página del libro donde se encuentra. ¡Esta simple acción le hará ganar tiempo!

Sobre el autor

Morey Stettner es director de Executive Wealth Advisory, consultor de comunicación y popular conferenciante. Ha escrito una serie de libros profesionales y de gestión empresarial, entre ellos *Skills for New Managers* y *The Manager's Survival Guide*.